COUP-D'OEIL
SUR LES MONNOIES;

Sur leur administration et sur le ministre des contributions publiques.

Par ANTOINE-AUGUSTIN RENOUARD.

A PARIS,

CHEZ { GARNERY, Libraire, rue Serpente, No. 17.
{ DESENNE, Libraire, jardin de l'Égalité, No. 1 et 2.

M. DCC. XCIII.

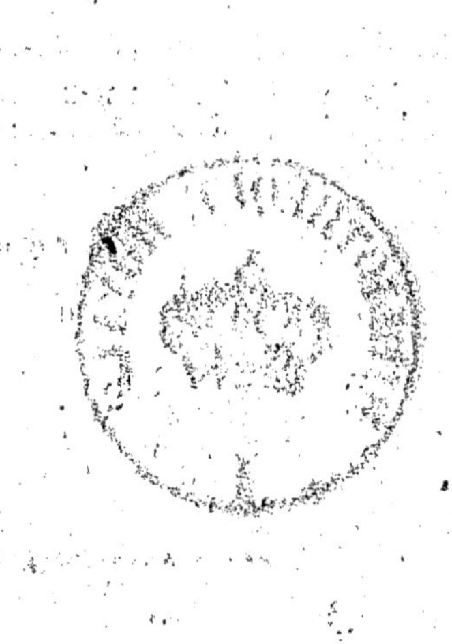

Pourquoi aujourd'hui 24 9.bre , fabrique-t-on à la monnoie de Paris, quinze mille doubles louis à l'ancien coin, à l'effigie de Louis XVI, et au double écusson de France et de Navarre, à la date de 1792 ?

Pourquoi ne pas attendre pour cette fabrication, l'époque assez prochaine où la convention aura déterminé les empreintes à donner aux monnoies de la république, et certes le retard de la fabrication de quinze mille doubles louis n'eût géné en rien le service du trésor national ; les grosses piéces d'or ne servent pas à payer le soldat ?

Pourquoi après le mémorable décret du 21 7.bre a-t-on fait terminer les coins des louis et doubles louis portant l'effigie de Louis XVI, et l'emblème constitutionnel, tandis que la royauté étant formellement abolie en France, ce travail au moins occasionnait des dépenses inutiles, si toutes-fois il ne devenait pas un délit réel ?

Pourquoi après avoir retardé sous mille prétextes, jusqu'à la fin de 1791, la fabrication du coin des écus de 6 livres constitutionnels, a-t-on attendu au milieu d'août 1792, pour faire des écus de 3 liv. à cette même empreinte constitutionelle, tandis que les coins étaient cependant terminés depuis plus d'un mois ?

Pourquoi jusqu'au milieu de septembre, a-t-on fait fournir aux atteliers des monnoies des départemens les coins à la tête de Louis XVI, pour la menue monnoie de cloches, tandis que toute la nation ordonnoit simultanément l'abolition de la royauté et tandis qu'on arrêtoit scandaleusement la fabrication des coins vraiment républicains, dont le projet donné par deux artistes lyonnais, et consacré par deux décrets de l'assemblée législative, est encore sans exécution ?

Pourquoi après avoir précipité depuis le 10 août, la fabrication de ces mêmes carrés de liards et deux liards, ne les fait-on pas servir, puisqu'on a fait la dépense d'en fournir la plupart des atteliers de la

France et puisque le besoin de ces menues pièces se fait sentir d'une manière si instante?

Messieurs de la commission, vous avez bien l'air d'avoir cru et de croire encore aux revenans; c'est votre propre affaire, mais au moins ne faut-il pas que la chose publique en souffre!

Pourquoi entasse-t-on 6 moutons à gros sols, et conséquemment 24 hommes dans une petite pièce mal saine, et pourquoi veut-on reléguer plusieurs atteliers dans des coins de l'hôtel, et même dans la maison contiguë occupée par Laverdy, afin de conserver au directeur un logement de trente-cinq pièces; et 10 à 12 pièces à chacun des membres de la commission, tandis que ces derniers ne devraient pas ce me semble, être logés dans l'hôtel, ou devraient se contenter de logemens plus modestes?

Pourquoi, pour ces inutiles logemens des membres de la commission, fait-on depuis long-tems des dépenses énormes, et bouleverse-t-on l'hôtel lorsqu'on aurait pu les loger dans les mêmes lieux sans faire autant de changemens, sans percer de gros murs, faire de nouvelles constructions, et en un mot prodiguer les deniers publics d'une manière digne des anciens financiers?

Pourquoi le graveur général n'est-il pas logé dans l'hôtel malgré un décret qui l'ordonne, décret d'autant plus sage que les travaux du graveur général exigent sa présence continuelle dans l'hôtel?

Pourquoi la plupart des pièces de 2 sols de cloches sont-elles d'un poids inférieur à celui prescrit par les décrets? Au moins si la nation gagnait les pièces qui se taillent de plus au marc, ces sols sont par le fait assez gros, mais cette diminution de poids n'a d'autre effet que d'enrichir les entrepreneurs des flaons.

Je me trompe fort, ou cette administration recèle des abus qui feraient honte à l'ancien régime

Antoine-Augustin Re gnard.

COUP D'OEIL
SUR LES MONNOIES;

Sur leur administration, et sur le ministre des contributions publiques.

DEPUIS long-temps on se demande, avec une surprise mêlée d'indignation, pourquoi nos monnoies sont si mal fabriquées, pourquoi leurs empreintes serviles contrastent aussi scandaleusement avec les sentimens de liberté gravés dans les cœurs de tous les Français, pourquoi enfin lorsque tout en France proclame hautement la destruction absolue du despotisme, les monnoies que l'histoire consulte comme des monumens dignes de toute créance, semblent encore attester l'existence des tyrans, et rendre hommage à leur puissance sacrilège ? Il y a sans doute beaucoup de choses utiles et intéressantes à dire sur l'administration et la fabrication de cette partie précieuse des richesses publiques; mais parmi ceux à qui leurs travaux ont fait acquérir des connaissances dans l'art ou le système monétaire, les uns vivent des abus, et sont en conséquence intéressés à les perpétuer, les autres craignent d'être sacrifiés si un zèle patriotique leur faisait rompre le silence; ainsi

A

le mal s'accroît au-lieu de diminuer. Il ne sera donc peut-être pas tout-à-fait inutile que ce sujet soit abordé par un homme qui, dégagé de tout intérêt personnel, et absolument exempt d'affection comme de malveillance pour les individus, ne cherche que la vérité, et n'ait pour but que le bien public.

Déjà, dans la Chronique du 2 décembre 1792, j'avais mis en avant quelques questions que je désirais sincèrement voir résolues d'une manière satisfaisante, et qui pouvaient être le commencement d'une discussion plus approfondie ; mais la commission des monnoies, se méprenant entièrement sur mes motifs, a cru reconnaître l'ouvrage d'un de ses ennemis, et le ressentiment d'un homme qui n'aurait pu réussir à lui faire adopter quelqu'un de ses projets.

En conséquence, revenue du trouble vraiment pittoresque où mon court écrit l'avait jettée, elle a longuement médité une réponse dans laquelle, au lieu de chercher à se donner raison par la décence et la justesse de ses explications, elle a accumulé sur moi les épithètes les plus outrageantes, elle a honnêtement débuté par m'avertir que je *suais le crime*. Mes questions qui, de son propre aveu, *ont fait quelque sensation*, sont l'ouvrage d'un perturbateur du repos public, et la malignité la plus coupable a dirigé ma plume. Je lui passe cette humeur, toute déplacée qu'elle soit, et j'ai tenu si peu de compte de son écrit, que loin de chercher à y répliquer publiquement, je m'étais contenté d'adresser au ministre Clavière quelques nouvelles observations, et content de faire le bien obscurément, il m'importait peu d'être réputé l'avoir fait, pourvu qu'il s'opérât réellement. Mais ayant reconnu depuis que rien ne se corrigeait à l'hôtel des monnoies, que le mal allait toujours croissant, qu'outre les écus commencés dès le premier janvier à six heures du matin, on avait osé fabriquer le 26, cinq jours après la punition du tyran, des louis déshonorés par son effigie, au millésime de 1793, l'an cinquième de la liberté, quoique plusieurs jours auparavant j'eusse fortement insisté auprès de Clavière pour que cette avilissante fabrication n'eût pas lieu, j'ai cru devoir rompre le silence, et faire part de mes réflexions au public, à la convention nationale; heureux si ce léger travail n'est pas entièrement perdu pour la chose publique.

La commision a paru étonnée de me voir si instruit de ce qui se passe à la monnoie, c'est en verité jouer la surprise d'une manière trop mal adroite, car elle a très-bien apperçu que plus à portée de percer dans l'interieur de ses opérations , j'aurais articulé beaucoup d'autres faits que j'ai passés sous silence pour ne rien avancer que de positif et matériellement prouvé; mais cette tâche patriotique sera remplie, je l'espère , par d'autres plus instruits que moi; il me suffira d'avoir attiré l'attention publique sur cette matière aride et peu attrayante , et par cette raison trop négligée jusqu'alors.

Malgré les éloges pompeux que la commission se donne, ou qu'elle se fait donner par le ministre Clavière, il ne lui sera pas aisé de faire croire à ses lumières et à son patriotisme. Spectateur et étranger à l'administration , le peuple ne peut juger que par ce qui frappe ses sens; or quand un ministre viendra vanter à la convention nationale *le mérite des membres d'une commission dont les travaux ont toute la perfection qui doit mériter une entière confiance aux monnoies de la République*, et que cependant les monnoies qui sont le résultat nécessaire de ces *importans travaux*, ou ne paroissent que très-lentement, ou sont dans un état de dégradation qui feroit honte au contrefacteur le plus inhabile , ou se fabriquent avec des empreintes qui insultent à la volonté nationale; lorsqu'en outre je vois publier, par cette même commission un mémoire rempli des idées les plus incohérentes , les plus contradictoires, les plus

destructives de tout bon système monétaire,
mémoire dans lequel, à la faveur de quelques
phrases tant soit peu patriotiques, on voudrait
faire accueillir par la convention un projet rui-
neux pour les Français, et sans avantage pour
le trésor public; lorsque le ministre et la commission repoussent indécemment des artistes
proposant une monnoie de cloches aussi belle
que nos sous sont abominables; certes, je ne
puis avoir une idée bien avantageuse des talens
et des intentions de la commission et du ministre
qui la prône; et comme individu, faisant partie
du peuple français, j'ai le droit d'exposer mes
idées, mes soupçons si l'on veut, sur ces agens
chargés d'une responsabilité qu'il nous importe
à tous de ne pas voir éluder; et je me crois
très-fondé à regarder cette commission comme
entièrement inutile, ou au moins organisée
d'une manière très-vicieuse.

La commission a cru se laver du reproche que
je lui a fait d'avoir frappé le 24 novembre 1792,
15,000 doubles louis à l'écusson de France et
de Navarre, et à l'effigie de Louis XVI, en
répondant que les nouveaux coins n'étaient pas
faits: elle allègue des retards causés soi-disant
par le graveur général, et au contraire celui-ci bouillait d'impatience de se voir sans
cesse arrêté dans ses travaux; elle a soin de ne

pas dire qu'avant le 10 août c'était toujours à regret qu'elle faisait faire des coins en remplacement de ceux de l'ancien régime, tandis que ces mêmes coins constitutionnels sont depuis devenus l'objet de ses plus chères attentions, probablement parce qu'au moins ils conservent encore une effigie royale; elle allègue une certaine étoile mise par mégarde par le graveur général comme ayant empêché de faire de nouveaux louis en novembre, tandis que cette étoile n'a été apperçue par la commission que le samedi 15 décembre suivant, et que cette légère inexactitude étoit entièrement réparée trois jours après. Elle ajoute que la fabrication d'espèces pour la trésorerie nationale ou pour les particuliers ne peut être retardée *sous le prétexte de plus ou moins de convenance*; tous les gens non prévenus sentiront néanmoins avec moi que non pas un vain prétexte de convenance, mais le respect dû aux volontés de la France républicaine défendait de fabriquer à la fin de 1792 des pièces d'or déshonorées par la dénomination et l'effigie d'un roi parjure et sanguinaire, et par le double emblême de la tyrannie féodale.

J'ai demandé pourquoi après le décret du 21 septembre abolissant la royauté, on avait fait terminer les coins des louis et doubles louis constitutionnels qu'on avait été si lent à faire graver tant que la cour espérait encore raméner l'ancien régime. La commission répond ingénieusement *que je suis un pertubateur du repos public*. Il se peut que mes indiscretes questions ayent troublé le repos de la commission, mais il n'en est pas moins nécessaire de faire appercevoir l'équivoque de mots à la faveur de laquelle on voudrait éluder mon objection. J'ai avancé, et je répète qu'après le 21 septembre on a fait terminer les coins *ou aciers originaux* portant l'effigie de Louis XVI, etc. Pour les personnes auxquelles la fabrication des monnoies est tout-à-fait inconnue, il est nécessaire d'expliquer ici que d'abord le graveur général exécute sur l'acier une matrice originale réprésentant la monnoie en creux, ainsi que des poinçons pour les lettres, chiffres, et autres parties détachées. Sur ces originaux il tire ensuite des poinçons en relief aussi en acier, et multiplie des empreintes qui, envoyées aux graveurs particuliers des 17 atteliers des monnoies, leur servent à frapper au balancier les coins ou carrés d'acier avec lesquels se fabrique la monnoie. Or au 21 septembre rien de tout cela n'était fait, mais comme au 2 décembre les originaux seuls étaient terminés et que les empreintes destinées aux graveurs particuliers n'étaient pas même commencées, la commission équivoquant sur le mot de *coins* répond qu'il est faux qu'après le 21 septembre on les ait terminés (*a*). C'est n'avoir pas même l'adresse de bien colorer une imposture.

Sans contredit après le 21 septembre un marteau patriotique aurait dû briser ces odieuses ébauches, mais ce, à quoi on n'auroit nullement dû s'attendre, c'est qu'au milieu de décembre la commission des monnoies curieuse sans doute de reproduire sur un plus grand nombre de pièces l'image si chérie de Louis le dernier, et croyant en outre m'altérer par ce coup de maître, fit tout quitter pour terminer en grande hâte la totalité de l'assortiment de ces poinçons royalistes dont c'était déja un délit d'avoir fait achever les originaux six semaines auparavant: ce que la postérité aura peine à croire, c'est qu'à Paris, en janvier 1793, un corps administratif qui se targue de patriotisme ait fait fournir les attelliers de la France de toutes les empreintes destinées à multiplier une monnoie d'or dont l'effigie, le nom même sont en horreur à tous les Français.

(*a*) Saurine et Jean de Cussy, ex-constituants et députés à la convention, se rappelleront sans doute que, voyant le graveur général travailler à la tête de Louis après l'abolition de la royauté, ils lui dirent en plaisantant qu'ils le dénoncearient pour s'occuper d'un pareil ouvrage.

Si la commission eut été animée de ce zèle républicain qui électrise nos ames, n'eut-elle pas senti que puisqu'en décembre 1792 il n'avait pas encore été fait de louis constitutionnels, ils n'était plus permis de se livrer à une fabrication aussi tardive ? n'aurait-elle pas dû demander à la convention, et elle l'eût obtenu, la faculté de remplacer cette tête odieuse par une couronne de chêne, avec les mots *République Française,* ou par telle autre empreinte Républicaine, en laissant provisoirement subsister le revers constitutionnel dont la légende *Regne de la Loi*, sonne si bien aux oreilles de tout bon Français ; quoique cependant on n'en ait que trop abusé dans les derniers temps de l'assemblée constituante. Ce changement aussi peu dispendieux que facile à exécuter, aurait pu être adopté aux monnoies d'argent et de cuivre, et eut laissé le tems nécessaire pour exécuter avec perfection les coins Républicains dont le type n'est pas même encore décrété. Au contraire, ô comble de l'impudence ! en France, à la monnoie de Paris, après la punition du tyran, au moment où j'écris, on ne rougit pas d'accoller son effigie au millésime de 1793, on frappe continuellement des pièce de tous métaux sur lesquels Louis parait encore ! Que diront nos neveux à la vue de ces monumens de l'incivisme ou de l'insouciance coupable de nos administrateurs : comment pourront-ils concilier la haine qu'en août 1792 les Français vouèrent à la royauté, la détention et le procès de Louis datant de 1792, avec l'existence de pièces qui, frappées à son effigie en 1793, rendent encore un honteux hommage au pouvoir monarchique, et à la personne du tyran. Au moins pour ne pas nous deshonorer, et cependant ne pas laisser manquer le service public, rien n'était si simple que de continuer ces fabrications sous la date de 1792, sauf à ajouter sur les carrés quelque léger signe de reconnaissance ; et s'il eut fallu une autorisation spéciale, la convention ne l'eut certainement pas refusée.

Au lieu de se livrer à des soins aussi utiles, la commission a préféré s'occuper longuement à cette absurde mémoire dont j'ai déja fait mention, et dans lequel après s'être récriée contre l'escroquerie et la friponnerie des tyrans de l'ancien régime, qui avaient laissé sur l'alliage des monnoies d'or et d'argent, une légère marge nommée *remède d'aloi*, laquelle n'était jamais outrepassée que par des agens prévaricateurs et promptement punis ; elle propose pour l'usage intérieur de la France, et sur-tout pour la classe indigente, la fabrication d'une monnoie d'argent altérée d'une partie égale de cui-

vre , et elle a la délicatesse de vouloir faire payer
ce cuivre dix livres 10 sols le marc , aulieu de
20 sols sa plus haute valeur commerciale. Animée au contraire d'une tendre sollicitude pour
les étrangers et les fondeurs , et sur-tout pour les
marchands d'argent , elle demande en outre la
fabrication de pièces d'or et d'argent très-purs ,
calculées sur des bases si fausses, qu'une même
sommepayée à un Français en monnoie de bas argent ou *intérieur* , et à un étranger en monnoie
extérieure ou métal pur , procurerait à celui-ci
un excédent de valeur intrinsèque de plus de
seize pour cent ; c'est-à-dire , que la même quantité d'argent fin que le Français payeroit 128 l.
en recevant la monnoie altérée, ne seroit comptée
à l'étranger que 106 liv. en monnoie d'argent pur.

Je m'abstiens de plus longs développemens
sur ce mémoire que tous les gens instruits n'ont
pu manquer d'apprécier à sa juste valeur , mais
je ne puis me dispenser d'insister sur l'incor-
venance , et même l'immoralité de la fabrication de la monnoie de billon , sous quelque forme
qu'on veuille la présenter. Cette monnoie qui
se détériore très-aisément , emploie une quantité
d'argent perdu pour la masse des richesses natio-
nales , elle donne aux faux monnoyeurs la facilité
de contrefaire et d'obtenir des résultats semblables ,
au moins en apparence , avec une bien moindre
quantité d'argent , et par conséquent elle associe

en quelque sorte la nation au délit des faus-
saires, par les facilités que son système mal entendu leur a données pour commettre le crime.

La commission rejette sur le graveur général le retard des écus de trois livres constitutionnels, et elle prétend n'être pas assez instruite
de ce qu'elle-même faisait précédemment pour
s'expliquer sur ceux de six livres. Ces faits n'étant
plus maintenant d'une grande importance je ne
les relèverai pas, non plus que les tentatives faites
en 1791 par la commission, pour faire abandonner les empreintes constitutionnelles que la cour
n'aimait pas, et que dans les tables de jeu des
Tuilleries on trouvait trop semblables à des
jetons ; je n'insisterai pas sur la fausseté du
reproche de négligence fait au graveur général
au sujet des écus de trois livres (a), la commission et le graveur savent très bien que des ordres
donnés plutôt, eussent été plutôt mis à exé-

____

(a) Je rends justice aux soins que se donna le directeur,
pour perfectionner un laminoir qui aurait été très-utile
à la fabrication des espèces d'or et d'argent ; mais pendant qu'on essayait de finir ce laminoir, les écus de
trois livres se frappaient à l'ancien coin, tandis qu'on
pouvoit les faire à la nouvelle empreinte qui avoit été
remise depuis cinq semaines à la commission par le graveur
général, et dont le graveur particulier avoit fourni deux
paires de carrés prêts à monnoyer, dont pendant 21
jours on différa de faire usage.

aution, et je laisse à ce dernier le soin de faire sur la commission une infinité d'observations utiles qu'il développera sans doute beaucoup mieux que moi. Je demanderai seulement à la commision si par l'expression vraiment comique de sa *régénération*, elle entend désigner la retraite volontaire en apparence de M. de Sacy dont je n'ai jamais été à portée de connaître les opinions politiques, mais dont la probité sévère et les rares connaissances eussent épargné bien des fautes à la commission.

Dans un mémoire présenté à la convention le 16 octobre 1792, Clavière a avancé que les cloches disponibles manquaient dans la plupart des départemens. Il est, je crois, très-permis de douter de cette assertion dont l'exactitude a été tout au moins contestée par des déclarations contraires ; mais si Clavière a véritablement cru que les cloches disponibles allaient manquer, pourquoi, de concert avec la commission, ne s'est-il pas aussitôt appliqué à faire frapper ce reste de métal en pièces de trois et de six deniers. De toutes les parties de la République, on se plaint avec raison de la disette absolue de ces petites pièces dont l'émission ordonnée concurremment avec celle des sols et deux sols, est attendue avec la plus vive impatience. La dépense des coins est faite, on au-

A 7

rait depuis long-temps dû les faire servir. La commission répond que la matière est trop aigre pour pouvoir être fabriquée en aussi petites pièces, et qu'on attend un décret qui autorise une plus forte addition de cuivre. Mais ce décret qu'on attend si tranquillement, à qui appartient-il de le solliciter ? Le corps législatif qui ordonne, peut-il faire disparaître les obstacles s'ils ne lui sont indiqués par ceux chargés de l'exécution ? Ferez-vous croire que si vous eussiez positivement représenté au comité des assignats et monnoies l'urgente nécessité d'une décision, on vous l'eut refusée ? Si vous avez averti le comité, et s'il n'a pas tenu compte de vos réclamations, rien n'était plus facile que de faire directement votre demande à la convention. Vous deviez tout faire pour accélérer la fabrication de cette menue monnoie ; disons plutôt que parce qu'elle est plus minutieuse et moins lucrative pour ceux qui concourent à sa fabrication, on n'a pas été fâché d'aller toujours en avant sur les pièces d'un plus gros volume.

Aux plaintes multipliées sur l'inégalité du poids des diverses monnoies de cloches, la commission répond que le fort compense le foible, et que 20 sous pesant un marc, on ne peut rien exiger de plus. Il est évident que des sous ne peuvent être ajustés et pesés un à un comme les pièces d'or ; mais il me semble que cependant on ne devrait pas admettre des pièces extrêmement minces ou tronquées qui sont les extrémités des lames coulées, et que les entrepreneurs des flaons devraient rejetter en fonte comme déchet : ce qu'ils feraient avec d'autant plus d'empressement que livrant leurs flaons au poids et non en compte comme je l'avais cru d'abord, ils n'ont aucun intérêt à fournir des pièces trop faibles.

Deux décrets consécutifs rendus en août et septembre 1792, ordonnèrent la fabrication de coins destinés à frapper des pièces de cinq sous, que des artistes lyonnais avoient offert de fabriquer en pur métal de cloches frappé à chaud d'après des procédés qu'ils annonçaient leur être particuliers, et pour échantillon desquelles ils avaient distribué des pièces aussi de pur métal de cloches d'une exécution précieuse. La commission prétend que ces deux décrets ont été surpris et qu'ils sont inexécutables. Je crois néanmoins que son premier devoir, et celui du ministre Clavière était d'obéir à la loi, et de faire exécuter les coins, ou d'en représenter sur le champ les inconvéniens, sans se jouer aussi long-tems d'artistes estimables auxquels on doit tout au moins savoir gré de leurs recherches.

Cette monnoie n'est pas solide, dites-vous enfin au bout de six mois d'attente; mais sans être chymiste ni monnoyeur, je vous dirai que vos derniers sols manquent aussi de solidité, que j'en ai cassé moi-même un assez grand nombre, en les jetant à terre sans beaucoup d'efforts. Au moins les artistes lyonnais ont-ils le mérite incontestable d'avoir obtenu d'une matière aussi aigre que l'est le métal des cloches une empreinte qui ne le cède pas à de belles médailles d'or, tandis que lors même qu'à ce métal de cloches, vous ajoutiez une forte partie de cuivre bien doux, bien épuré, vos importans et scientifiques travaux ne nous procuraient cependant que des sous hideux, et vraiment dignes des marteaux monnoyeurs du Mexique et de l'Inde.

Je ne dis plus qu'un mot sur les artistes lyonnais; si leurs médailles manquent de solidité, réparons ce léger défaut par l'addition d'une faible portion de cuivre, et puisque le métal aigre a reçu une très-belle empreinte, l'exécution sera bien supérieure encore avec le métal rendu plus doux. On ne peut donc savoir gré à ceux qui, soit intérêt personnel, soit malveillance gratuite, ont si bien réussi à contrarier cet utile projet.

Je crois que le ministre aurait dû attirer l'attention de la convention sur ces pièces de

cuivre rouge de deux et de cinq sous , fabriquées
chez un peuple voisin , émises par une société
particuliere , et connues sous la dénomination
de *Monnerons* , du nom de ceux qui nous en
ont fait le funeste présent. Ces spéculateurs
avides ont ainsi trouvé le moyen de voler im-
punément les Français en leur offrant une monnoie qui ne contient que les trois cinquièmes
de sa valeur , et dont ils ont , par leur ban-
queroute , adroitement éludé le remboursement
quoique chacune des pièces porte la promesse
solemnelle de ce remboursement. Il est instant de
chercher les moyens d'arrêter cette émission
toujours active , et dont on ne peut prévoir
le terme.

Ces pièces dont l'immoralité ne peut être
excusée par leur belle exécution sont sur-tout
caractérisées par des lettres gravées en creux
sur la tranche qui est en relief dans toutes les
monnoies connues ; et le procédé de cette tranche frappée en creux était resté concentré entre
les mains des Ecossais qui fabriquent les *Monne-*
rons à Birmingham. Un artiste de Paris nommé
Brezin , jaloux de mettre aussi son pays à portée
d'ajouter aux monnoies cette perfection de plus,
vient enfin d'exécuter cette tranche en creux
dont j'ai vu des essais très-bien réussis. La tranche
en relief de nos monnoies venant presque tou-

jours très-mal, et leur empreinte informe étant très-promptement effacée par le frottement auquel cette partie est sur-tout exposée, il sera très-utile d'adopter ces lettres creusées qui ne disparaitraient qu'avec la destruction de la pièce, on doit sans doute quelque reconnaissance à cet homme intelligent pour le larcin patriotique qu'il vient de faire à nos voisins, et je me persuade qu'au lieu de l'éconduire comme les artistes lyonnais, on le mettra promptement à portée de perfectionner ce qu'il a si heureusement commencé. Au reste, je suis loin de prétendre juger entre ces divers artistes, j'en fais ici mention pour rendre hommage aux essais de gens à talent, et je désire bien sincèrement que sans réception de personnes, sans préventions aucunes, et sur-tout sans donner dans les rêveries interressées des faiseurs de projets, la convention choisisse et fasse exécuter les procédés reconnus les meilleurs et les plus économiques.

Un directeur des monnoies, je crois celui de la Rochelle, offre de fabriquer les sous avec des flaons soigneusement polis sur plat et même sur la tranche ; et en conséquece de la perfection de ses moyens il voudrait être chargé du monnoiage d'une grande masse de matière. Sans contredit des flaons ainsi préparés recevraie sous le balancier une empreinte bien supérieure à celle de nos sous actuels ; mais avant d'accueillir de beaux modèles, il est surtout indispensable de constater la possibilité d'une exécution soutenue lorsqu'elle aura lieu en grand. Si le poli exact de ces flaons d'échantillon venait de la perfection d'un laminoir, ou bien de la soigneuse préparation du sable dans lequel les lames auraient été coulées, si la perfection de la tranche était le résultat de la justesse des emporte-pièces, je verrais avec beaucoup de plaisir accueillir un travail aussi utile et aussi bien entendu; mais le poli des flaons présentés pour échantillons étant donné après coup, à la pierre-ponce et à l'huile, couterait à l'entrepreneur au moins le prix qui se paye pour l'entier monoiage. Il est donc impossible que les pièces ressemblent aux échantillons, et n'a-t-on pas à craindre que ces modèles séduisans ne soient mis en avant pour attirer à soi une entreprise considérable, sauf à laisser ensuite de côté l'opération du polissage, et fabriquer de manière à trouver tout le bénéfice sur lequel on comptait. Je crois donc que c'est avoir promis plus qu'on ne voulait tenir.

Je n'insisterai pas sur le partage scandaleux que les divers agens de l'administration se sont fait du vaste hôtel des monnoies où ils ont eu le soin de s'établir bien avant qu'ils y ayent été

autorisés par un décret, obtenu ensuite à force
de sollicitations. Mais ce que je demande avec
beaucoup d'instance c'est que 6 moutons à sous,
et par conséquent 24 à 36 hommes ne soient
plus entassés dans un lieu resseré et mal sain.
J'en appelle aux membres de la législature,
(Reboul entr'autres) qui eux-mêmes se sont
fortement récriés contre une disposition aussi
inhumaine. Il semblerait d'après toutes les dis-
positions faites ou projettées dans l'hôtel de la
monnoie, que la principale destination de ce
vaste bâtiment fût de loger les administrateurs de
toute espèce, ou de faire de somptueux et souvent inutiles bureaux, et que le monnoyage,
les attelliers des essayeurs, des graveurs, etc.
ne fussent qu'un objet secondaire, et pour lequel il suffirait de consacrer des pièces obscures
ou reculées. On a vu avec joie les privilégiés de
l'ancien régime obligés d'abandonner les vastes
appartemens que la faveur leur avait procurés
dans les édifices publics, ne les remplaçons pas
par des privilégiés d'une nouvelle espèce : que
des frélons affamés ne succèdent pas à l'essaim
nombreux de ceux que nous avons eu tant de
peine à mettre en fuite.

Souvenez-vous, administrateurs, que devant
être économes des deniers publics plus encore
que vous ne le seriez des vôtres, vous ne devez

créer des emplois, ordonner des dépenses, laisser
occuper les édifices publics que d'après la nécessité la plus reconnue. Tout ce qui va au - delà
est une dilapidation dont vous devenez comp-
tables, lors même que, sans y trouver aucun
avantage pour vous personnellement, vous n'au-
riez à vous reprocher que trop de facilité ou
de négligence.

Il résulte de toutes ces observations que le
nouveau régime de l'administration des monnoies, en faisant disparaître les présidens et
conseillers n'a laissé introduire que trop de
nouveaux abus, et que la commission peut long-
tems se tromper, ou longtems faire le mal à
bon escient sans qu'on soit à portée d'y remédier.

C'est, il est vrai, un grand inconvénient dans
l'administration que d'en changer trop fréquem-
ment les bases et l'organisation; mais je crois néanmoins que le meilleur moyen de faire cesser
les plaintes très-fondées qu'excite de toute part
cette commission, est de la remplacer par une
administration dont les agens ayent à rendre des
comptes plus fréquens de leur gestion, et puissent
travailler d'une manière plus utile pour la chose
publique. Je rends très-volontiers hommage aux
talens littéraires ou académiques de la plupart
des membres de cette commission, cependant si
j'avais besoin de choisir un conducteur en chef

pour ma fabrique je ferais tomber mon choix
non pas sur celui qui disserterait le plus éloquem-
ment, mais sur celui qui connaîtrait le mieux
tous les détails de la fabrication, et qui aurait
lui-même fabriqué.

On pourrait en même tems réduire à cinq ou
six les dix-sept atteliers des monnoies de la
France, car il est constaté que le tiers au plus
est en activité ; les autres fabriquent très-peu,
ce sont des officiers de toute espèce à salarier,
des bâtimens nationaux employés inutilement,
et auxquels ou donnerait promptement une
destination plus utile, et plus profitable pour
la République.

J'ai remarqué que beaucoup de monnoies
des départemens sont exécutées négligemment,
et que leurs défauts viennent souvent du mau-
vais état des carrés qui, frappés par des graveurs
particuliers ignorans, donnent une très-mau-
vaise empreinte, quoique la monnoie de Paris
ait envoyé de très-bons poinçons. On économi-
serait à la nation les appointemens de tous ces
graveurs particuliers, et on rendrait plus uni-
forme l'exécution des monnoies, si, supprimant
toutes ces places inutiles, on faisait frapper tous
les carrés à Paris, sous les yeux et par les soins
d'un seul graveur, sauf à approvisionner les 5
ou 6 atteliers des monnoies d'un nombre de car-

rés suffisant pour ne pas être obligé de cesser le monnoiage lorsque quelques-uns viendraient à casser sous le balancier.

On pourrait encore mettre une grande économie dans le monnoiage, en combinant la fabrication de telle sorte qu'on ne fût pas obligé de fournir les 5 atteliers, (je suppose qu'on en conserve ce nombre) des carrés de toutes les monnoies de la France, dont la plupart sont souvent inutiles et ne servent point. Il serait très-facile de faire telle espèce de monnoie dans telle partie de la République et telle autre dans un autre attellier, afin de moins multiplier les envois des carrés ; sauf à disposer cette répartition de la manière la plus convenable aux besoins locaux de la République.

Les places de directeurs des monnoies sont utiles, je veux le croire, mais je voudrais que ces agens n'eussent que l'inspection immédiate des travaux ; et ils sont au contraire les entrepreneurs nés et nécessaires du monnoiage ; ce qui détruit toute espèce de concurrence, et rend la fabrication bien plus dispendieuse pour l'état; De deux choses l'une, ou les monnoies seraient faites au rabais par des entrepreneurs particuliers, dans des atteliers des monnoies, et sous la surveillance des directeurs ou, ce qui serait bien préférable, l'établissement serait

entièrement au compte de la nation ; les ouvriers, graveurs, monnoieurs, directeurs, tous
les employés enfin seraient, les uns payés à leurs
pièces, les autres appointés annuellement ; et le
profit énorme de la fabrication resterait dans
le trésor public. Une administration centrale
établie à Paris s'occuperait de tous les détails
nécessaires à l'activité de la fabrication, et sur-
tout veillerait à l'uniformité et à la perfection
des travaux des divers atteliers.

Je ne pense pas avec la commission qu'on
puisse employer un nombre indéfini de graveurs
à l'exécution des coins originaux. Il y aurait
beaucoup de risques à mettre cet important travail dans un grand nombre de mains dont toutes
pourraient n'être pas également pures, et qui
seraient d'autant plus enhardies à abuser de leur
talent, qu'elles espéreraient pouvoir faire rejeter
le délit sur quelqu'autre de leurs collaborateurs.
Dans les circonstances ordinaires un seul graveur
général a toujours été suffisant, et je suis persuadé
que lors-même que l'état de nos affaires, et
le retour de la confiance permettront une refonte
générale de toutes nos monnoies, un seul homme
pourra suffire au renouvellement de tous les coins,
pour peu qu'on si prenne à l'avance, et que ce
graveur ait sous ses ordres un ou deux artistes
intelligens desquels il réponde entièrement.

Il est possible que je me soye trompé, non pas dans mes observations à la commission , qui toutes portent sur des faits positifs , mais dans ce que j'ai cru devoir dire sur le régime à adopter pour les monnoies. Au moins ai-je la certitude absolue qu'aucun de mes raisonne-mens n'a pu être offusqué par le plus léger nuage d'intérêt personnel. Content de conduire ma fabrique de gazes, et de donner à la litté-rature les cours instants de loisir que me laissent mon commerce et les affaires publiques, je n'ambitionne rien de plus, et mon seul but est que , de quelque façon que l'administration des monnoies soit définitivement organisée , ministre , administrateurs , graveurs , ouvriers , chacun dans les fonctions qui lui sont confiées cherchant à remplir ses devoirs avec droiture et intelligence , il en résulte nécessairement une plus grande économie pour la nation , et une monnoie fabriquée avec assez de perfection pour faire honneur aux talens des artistes fran-çais , et faire en même tems le désespoir des contrefacteurs.

P. S. Pendant l'impression de cette feuille, j'ai eu connoissance du projet présenté par *Cussy*, à la convention au nom du comité des assignats et monnoies, sur le renouvellement provisoire des empreintes pour les pièces d'or et d'argent.

J'ai la satisfaction de m'être, sans le savoir, rencontré avec lui pour l'idée principale, mais je regarde comme très-urgent de renouveller aussi l'empreinte des pièces de cuivre. Long-tems encore les pièces d'or et d'argent seront concentrées dans les mains de ceux qui en font l'infâme trafic ; le peuple n'en rencontre que par hazard, et ce sont pour lui des médailles: les pièces de cuivre aucontraire servant à notre usage journalier, seraient un des véhicules les plus propres à répandre l'esprit public et l'amour de la liberté, si on se hâtait de leur faire porter des empreintes analogues aux évènemens dont nous avons tant d'intérêt à perpétuer le souvenir.

Je voudrais qu'l'enfant jouant avec une pièce de trois deniers, y apprit à bégayer les mots de liberté, de République, et qu'une belle statue de la liberté, ou un beau trait de notre révolution, imprimé sur chacune de ces pièces commençât imperceptiblement son éducation politique. Puisqu'il faut refaire tout à neuf, appliquons nons à ne pas donner à nos monnnoies des empreintes insignifiantes ou ridicules, telles que le cheval fougueux de la commission ; et songeons qu'une des principales sources de l'idolâtrie pour les rois, a peut-être été l'usage continuel que les peuples faisaient de leur effigie. Employons le même moyen pour une cause bien plus honorable, pour celle de la liberté.

Pour la première fois j'aperçois un assignat de 25 sols, il était peu nécessaire d'attirer à grands frais un artiste étranger, de s'occuper longuement de sa personne avec l'enthousiasme le plus emphatique, pour que son premier travail fut un assignat si mal ordonné dans toutes ses parties que le plus mince boutiquier faisant imprimer ses adresses, les voudrait plus élégamment disposées. Si l'ensemble de cet assignat est choquant, on ne peut être dédommagé par les détails de l'exécution, car on n'y trouve pas un seul ornement bien dessiné, pas une seule lettre dont la forme soit pure et agréable : le papier en est aussi très-laid, et je remarquerai à cette occasion que la convention n'a pas assez fait attention à la manière dont sont passés les marchés de papier. On paye à la rame ou au poids; quand le prix est par rame, le fabriquant est ordinairement économe de matière et fournit un papier fin et mince; fait-on le marché au poids, il faut presque toujours s'attendre à recevoir un papier grossier, épais, tel que celui des 25 sols, etc. etc. qui, contenant moins de feuilles à la rame, donne plus de gain à l'entrepreneur.

Paris, le 3o Janvier 1793, l'an deuxième de la République française.

A Paris, de l'Imprimerie de Charpentier, rue St.-Denis, No. 62.

www.ingramcontent.com/pod-product-compliance
Ingram Content Group UK Ltd.
Pitfield, Milton Keynes, MK11 3LW, UK
UKHW021655090726
13657UKWH00004B/1972